Rookie español

# Las manos

## Escrito por Dana Meachen Rau

## Ilustrado por Rick Stromoski

Children's Press®
Una división de Grolier Publishing
Nueva York • Londres • Hong Kong • Sydney
Danbury, Connecticut

## Para Charlie
—D.M.R.

## Para Molly y Danna
—R.S.

Especialistas de la lectura
**Linda Cornwell**
Coordinadora de Calidad Educativa y Desarrollo Profesional
(Asociación de Profesores del Estado de Indiana)

**Katharine A. Kane**
Especialista de la educación
(Jubilada de la Oficina de Educación del Condado de San Diego, California
y de la Universidad Estatal de San Diego)

Visite a Children's Press® en el Internet a:
http://publishing.grolier.com

Información de Publicación de la Biblioteca del Congreso de los EE.UU.
Rau, Dana Meachen.
  Las manos / escrito por Dana Meachen Rau;  ilustrado por Rick Stromoski.
  p. cm. — (Rookie español)
  Resumen: Los niños utilizan sus manos para hacer una variedad de cosas cuando
se preparan para ir a una fiesta de cumpleaños.
  ISBN 0-516-22021-7 (lib.bdg.)                    0-516-27009-5 (pbk.)
  [1. Las manos (ficción). 2. Las fiestas (ficción). 3. Los cumpleaños (ficción).
4. Libros en español.] I. Stromoski, Rick, il. II. Título. III. Serie.
PZ73.R284 2000
[E]—dc21                                                99-16311
                                                        CIP

**GROLIER**
PUBLISHING

3

Las manos.

5

Se usan las manos
para comprar.

7

Se usan las manos
para cocinar.

9

Se usan las manos
para atar.

11

Se usan las manos
para preparar.

13

Se usan las manos
para saludar.

15

Se usan las manos
para aplaudir.

Se usan las manos
para abrir.

19

Se usan las manos
para desenvolver.

21

Las manos.

# Lista de palabras (13 palabras)

abrir
aplaudir
atar
cocinar
comprar
desenvolver
las

manos
para
preparar
saludar
se
usan

## Sobre la autora

Dana Meachen Rau ha escrito muchísimos libros para los niños, incluyendo obras de ficción histórica, libros de cuentos, biografías y libros para lectores principiantes. También escribió los siguientes libros de la serie Rookie Reader: *A Box Can Be Many Things (Una caja puede servir para muchas cosas)*, *Purple Is Best (El color púrpura es lo mejor)*, *Circle City (La ciudad de círculos)* y *Bob's Vacation (Las vacaciones de Beto)*. También ilustró este último. Dana trabaja como redactora de libros para niños y vive con su marido Chris y su hijo Charlie en Farmington, Connecticut.

## Sobre el ilustrador

Rick Stromoski ha ganado premios por sus ilustraciones humorísticas que se han visto en revistas, periódicos, libros para niños, anuncios comerciales y programas de televisión. Vive en Suffield, Connecticut, con su esposa Danna y su hija Molly, de cinco años.